*Für meine ganz*
*besonderen Ableger*

Artenvielfalt

Ebenfalls im chiliverlag erschienen (Auswahl):

Anant Kumar, Halli Galli in Gotha

Gatti – Katz'n, 21 krasse Katz'nstories

wir wölfe, Gedichte. Eine poetische Hommage an unsere Tierwelt

Pappalappa Mirzapan, Gedichte für besondere Kinder

Rabea Jasmin Using, Linette Weiß, Prinz_essin?

Die Katze fraß mein Winterkleid, Neue Gedichte für besondere Kinder

1. Auflage November 2020



Pepperminz / 1



Detaillierte bibliographische Daten sind unter http://dnb.ddb.de bei der Deutschen Nationalbibliographie abrufbar.

Gestaltung, Layout, Lektorat: Pepperminz

Bildmaterial: Виктория Бородинова, CC

S. 47: CC;  Autorenfoto S. 81: privat

Printed in Germany

ISBN 978-3-943292-87-9

Pepperminz

www.chiliverlag.de

Franziska Röchter

# Artenvielfalt

## Gedichte
für ein besonderes Kind

Pepperminz

# Inhalt

# Prolog

## der clown

ihr kinder groß / ihr kinder klein
betretet meine bühne
kommt in mein zirkuszelt hinein
wir peformier‘n recht kühne
und extraordinäre stücke
allein euch zum vergnügen
damit‘s euch ernsthaft weit entrücke
wie buntes drachenfliegen

ihr sollt euch prächtig amüsier‘n
die wahrheit ist ne halbe
sollt euren missmut / zorn kaschier‘n
ich clown bin eure schwalbe
ich öffne eure müden blicke
entflieh mit euch in höhen

doch spiel ich viele zaubertricke
nie könnt ihr wissen wie ich ticke
ihr könnt durch die manege gehen
doch den triumph / die missgeschicke
mein wahres ich / gewinn / verlieren
das könnt ihr niemals sehen

# I. Augenstern

*Du kleines Knöllchen, du süße Batate*

## Lily of the Valley

Lily of the Valley
du kleine Jasmin
Ginger und Poppy
du wilde Nasrin
meine Iris meine Heide
du Lale du Viola
meine liebe Leilani
du holde Manolya
meine Daisy Hazel Zahra
Chrysanta mein Traum
meine Rose meine Ivy
mein Apfelbaum

# Heilherz, du

Du kleine Herzheilerin
du grüner Aventurin
dein transparentes Pflasterspray
verschließt die Wunden meiner Welt
du legst ein unsichtbares Zelt
auf meine Narbenkeloide
und für mein Multi-Touch-Display
bist du die Virenabwehr-Queen
bist meine Psychofriedensschmiede
bist Sonne samt Serotonin

Du kleine Herzheilerin
du kleine Heilherzieherin
dein wahrer Blick trifft meinen Kern
aus Lebensschotter, Schmirgelsand
du greifst zum Halten meine Hand
ich fasse suchend deine Mitte
du heliotroper Augenstern
du flutest mich mit Liebe, Licht
so synonym sind uns're Schritte
mein Heilherzengel, dicht an dicht

geh'n wir zusammen, nie allein
mein Rosa Quarz, mein Edelstein
Du wirst immer mein liebes Mädchen sein

## Fernreise

Wenn ich so müde bin
gibst du mir Unterschlupf
du kleiner Wärmeofen
lullst mich ein

Ich leg den schweren Kopf
an deine kleine Schulter
und meine kalten Füße
an dein Bein

Ich drücke meine Wange
an deine Mauseohr'n
tupf meine Nasenspitze
an dein Gesicht

Es dauert gar nicht lange
bis ich auf Seegelbooten
in blaue Meere gleite
in warmes Licht

Wenn dann nach zehn Minuten
das blöde Handy klingelt
hab ich den Blumenduft
von deinem Haar

in meiner warmen Nase
und eine gute Laune
als wenn ich nur mit dir
in Urlaub war

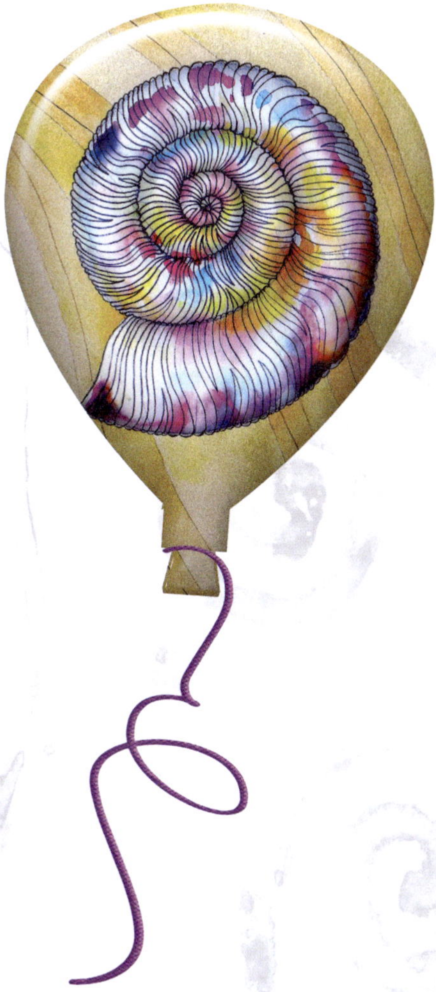

## **Liebe*lle***

Libellula, Libellule
Libelluloidea
Libellulidae

Libellula jesseana
Libellula angelina
Libellula julia
Libellula lydia

Wasserjungfer, Dragonfly
Hauben-Azurjungfer
Prachtlibelle
Zwerglibelle
Blaupfeil
Spitzenfleck

Zierliche Mondjungfer
Grüne Mosaikjungfer
Kleines Granatauge
Königslibelle

Libellula, Libellule
Libelluloidea
Libellulidae

Mein Glänzender Smaragd

## Was du mir bist

Du bist der Schnittlauch im Püree
das Marzipan im Strudel
der Zucker bist du im Kaffee
die Sauce auf der Nudel

Du bist der Dip der Rohkostmöhre
im Krautsalat bist du Olive
du bist das Brötchen in der Röhre
im Bild bist du die Perspektive

Und damit du nicht vergisst,
sag ich dir, was du noch bist:

Pommes UND die Mayonnaise
Vollkornsemmel UND der Käse
Kuscheldecke UND das Kissen
Rosen, Tulpen UND Narzissen

Badewasser MIT viel Schaum
kleines Küken MIT viel Flaum

Ja, für mich, im Fall des Falles
bist du einfach ALLES.

## Süßkartoffelpommes

Du kleines Gewächs aus dem Schatten der Nacht,
du musst eine Süßkartoffel sein.
Denk ich an dich, so kommt der Verdacht:
Mir fallen Süßkartoffelpommes ein.

Du kleines Knöllchen, du süße Batate,
Ipomea batatas, du Kletterpflänzchen.
Dir mach ich Joppiesauce mit Tomate,
mit dir wag ich auch ein kleines Tänzchen.

Du krautige Prunkwinde, du Sukkulente,
du herzhaft leckerer Edelspross.
Du Verwurzelte, du Turbulente.
Du Süßkartoffel im Pommesschloss.

# Am Meer

Johanna will in Urlaub fahr'n
ans blaue weite Meer.
Der große Bruder soll gern mit
und auch ihr Teddybär.

Die Mutter sagt: Die Nordsee reicht.
Die ist nicht so weit weg.
Sie kommen nach vier Stunden an.
Johanna kriegt nen Schreck.

Wo letztes Jahr das Wasser war,
da ist jetzt nur noch Erde!
Wo ist das ganze Wasser hin?
Johanna ruft laut: Merde!

Johanna bricht in Tränen aus.
Wo soll sie denn jetzt schwimmen?
Da sieht sie weit am Horizont
die Abendsonne glimmen.

Der Bruder ruft: Du kleiner Fisch!
Ich zauber dir dein Becken.
Wenn du gleich schläfst, dann: eins, zwei, drei,
ist's morgen da beim Wecken.

## Süß wie Candy

Zuckerpüppchen
im Bonbonland
mein Himbeerpüppi
du süße Schnute
mein Honigmäuschen
ich ess dich auf

Schokolippchen
im Sirupgewand
mein Schlickerlolli
du Lachminute
mein Knusperhäuschen
mein Reisauflauf

du kleine Makrone
Krokantpraline
du Mascarpone
du Schnöttkertrine
du Nussgebäck
zum Kussgedeck

du Sahnehäubchen
mit Erdbeermoussefüllung
du Herzenstäubchen
du Naschsuchtstillung
du bist zuckersüß und fein
meine Liebe soll dir Heimat sein

## Pflümli

Nur damit du nie vergisst:
dass du mein klein's Pfläumchen bist.
Ciruela, liebe Prüne,
meine kleine Komfortüne.

Du mein Kipferl, süßer Topfen,
Du mein frischer Hopfentropfen,
Nockerl, Knöpfle, du Marille,
liebe kleine Halspastille.

Strudel, Datschi, Kaiserschmarrn:
Mit dir will ich nach Österreich fahr'n.
Striezel, Brezel, Walnussschneck',
Faschingskrapfen, Ofenfleck.

Reneclode, Ringelotte,
du französische Karotte.
Sachertorte, Gugelhupf,
Schokoladenstreusel-Zupf.

Nur damit du nie vergisst:
dass du mein klein's Pflümli bist.
Zwetschgendatschgerl, Pflaumenmus,
komm, ich geb dir einen Kuss!

## Nudelsalat

Willst mich um den kleinen Finger
wickeln wie die langen Dinger,
die so schlank und nie allein!
Soll ich dein Spaghetti sein?

Bin wohl eh‘r ne Makkaroni.
Rigatoni, Cannelloni.
Sei mein Napoli, so fein.
Ich kann nicht ohne Sauce sein!

Fettuccine! Tortellini!
Kleine Gnocchi! Spaghettini!
Muscheln. Schnecken. Schmetterlinge!
Pastabänder, Pastaringe.

Lasagne ich. Du Bolognese.
Oder wir: Pizza Caprese?
Sind wir Penne oder panne?
Liebe kleine Nudel-Hanne!

Warum wir zwei so gerne lachen?
Weil Nudeln uns so glücklich machen!

## Tomate, du

Eine pralle Strauchtomate
hängt so satt und sonnenreif
mir am Bauche, und ich wate.
Mühsam deinen Arm ich greif.

Soll treppauf  dich spaßig tragen.
Über allem tönt dein Lachen.
Leider kannst du mich nicht fragen,
ob bei mir die Knochen krachen.

Meine kleine Sonnenfrucht,
kannst nicht ewig an mir hängen.
Dein Geschmack ist ausgesucht,
und du lebst von Überschwängen.

Wie die Schnecke mit dem Haus
schlepp ich dich den Flur entlang.
Schalk blitzt dir zum Aug' hinaus.
Sag mir einer, du bist krank!

Und mein Zwerchfell ist am Toben.
Kannst in mir den Ulk entfachen.
Kichernd hüpfen wir nach oben.
Nie vergesse ich dein Lachen!

## Augenstern

Am Himmel funkeln tausend Stern‘
doch du erstrahlst viel heller
Kometen zieh’n von nah nach fern
du saust und flitzt viel schneller

Die Wiese blüht in Farben bunt
der Wald singt tausend Töne
Du Fliedertraum versüßt die Stund‘
du Blümchen bist die Schöne

Das Bier schäumt hoch und sprudelt wild
die Tulpe trägt ‘ne Krone
Prinzessin mein, du lächelst mild
bist meine Zauberbohne

Die Sonne wärmt mit ihrer Glut
und lindert manche Schmerzen
Wärst du nicht da, mir ging‘s nicht gut
du wärmst mit deinem Herzen

## Wer wir sind

Ich bin die Bucht – und Du bist die Welle
Ich bin die Suppe – Du bist die Kelle
Ich bin der Keller – Du bist der Speicher
Ich bin die Wolle – Du bist viel weicher

Ich bin die Zugluft – Du bist der Wind
Ich bin die Brille – die Gläser sind blind
Ich bin der Sturm – Du bist die Brise
Ich bin der Rasen – Du bist die Wiese

Ich bin Oktober – Du bist der Mai
Ich bin der Käfig – Du, du bist frei
Ich bin das Salz – Du bist die Süße
Ich bin der Frost – Du warme Füße

Ich bin das Bett – Du bist die Decke
Ich bin der Zaun – Du bist die Hecke
Ich bin die Mauer – Du bist die Tür
Ich bin die Trompete – Du das Klavier

Ich bin das Schiff – Du bist der Hafen
Ich bin die Nacht – Du die Träume zum Schlafen
Ich bin die Uhr – Du die Zeit, die verrinnt
Ich bin die Mutter – Du bist das Kind

## Meine Kleine

Wenn ich neben dir liege, kleine Maus,
könnt‘ ich schlafen, hundert Jahr schlafen.
Bei dir ist es schön, du bist mein Haus,
meine Scheune, mein Hof, mein Hafen.

Wenn ich neben dir schlummere, kleiner Spatz,
möchte ich niemals mehr aufsteh'n.
An deinem Arm ist mein Ruheplatz,
neben dir möchte ich zu Staub weh'n.

Wenn ich an dich denke, du kleine Frau,
strahlt die Sonne und macht mich benommen.
Es wird zu Farbe das tägliche Grau.
Bei dir bin ich angekommen.

## Diese Zeilen

Diese Zeilen sind nur für dich.
Wenn ich mal tot bin, will ich sie dir schenken.
Dann könntest du manchmal meiner gedenken.
Ich werd‘ sie vertonen. Ganz sicherlich.

Dieses Gedicht ist für dein Ohr.
Wenn ich nicht mehr lebe, sollst du es hören.
Vergangenes lässt sich damit beschwören.
Als wär ich noch da. So kommt’s dir dann vor.

Diese Stimme spricht nur zu dir.
Damit du nicht traurig bist. Du sollst lachen.
Stell dir vor, dass wir beide Blödsinn machen.
Dann ist es fast so, als wär ich noch hier.

## Nachtlicht

Auch wenn ich fort bin, schau ich nach dir
und werde alle Tage dir winken.
Auch wenn ich fort bin, bin ich noch hier,
wenn nachts am Himmel die Sterne blinken.

Bin ich fort und du solltest mich suchen,
sag deinen Brüdern, sie sollen sich eilen.
Wünsch dir nach meinem Rezept einen Kuchen,
in seinem Duft werde ich verweilen.

Wünsch dir nach meinem Rezept eine Suppe,
die soll so richtig nach Liebe schmecken.
Spiele noch mal mit der Lieblingspuppe,
ihr Haar wird deine Tränen bedecken.

Wenn ich fort bin: Du bist nicht allein.
Mag sein, wir seh'n uns in deinen Träumen.
Als Nachtlicht werd‘ ich deine Wege säumen.
Im Dunkel möcht' ich dein Abendstern sein.

# II. Freigang

*wer gehen will soll gehen*

## meine katze

gehört gar nicht mir
sie kam aus dem nichts
hat uns ausgesucht
und blieb einfach hier

wie sie morgens vor der tür
wie ein schokokringel
auf der rauen matte
voll bewusst nickert
lässt mich innerlich hüpfen:
sie ist wieder hier!

ihre kinder – vier
sind so klasse erzogen
wenn die mutter schläft
harren sie im busche
sie haben manieren
mehr als jedes tier

bald kommt der sommer
dann liegen wir
allesamt in der sonne
lernen kätzisch und schleichen
ihre blicke erweichen
jeden kantigen stein

so ein herrliches sein!

# für die katz‘

wie ein luftballon am band
der aus der hand entgleitet
wie ein admiral im wind
der seine flügel breitet
lass ich dich flattern fliegen fliehen
und schau dir hinterher
ich lasse dich von dannen ziehen
wer weiß, wohin? ans meer?

uns’re katz‘ kam nicht zurück
dafür gibt es belege
für uns war sie ein teil vom glück
sie ging wohl eig’ne wege

die katze ist ein sondertier
wer gehen will soll gehen
die liebe bleibt ja trotzdem hier
sie bleibt im herz bestehen

## Freigang

Merlin, unser lieber Kater,
wollte mal auf Brautschau gehen.
Später hab ich meinen Vater
eine Kiste holen sehen.

„Schau nicht hin, das ist nicht lecker!
Weil er langsam war und hinkte
und beim Abbiegen nicht blinkte,
lief der Merlin vor den Trecker!“

Nach zwei Tagen voller Warten,
ob der sanft in Tuch gelegte
Merlin sich vielleicht noch regte,
hat Papa am Baum im Garten

eine Kuhle ausgegraben,
Mama bastelte ein Kreuz,
dass wir Merlin bei uns haben.
Schneuz!

Bruder Philipp sprach die Worte:
„Leider sind wir nun verwaist.
Hier an diesem Unglücksorte
ruht ein echter Freiheitsgeist!“

Erdmännchen, die nächtlich blinken
als Laternen auf dem Grab,
schauen, wenn wir Merlin winken.
Ach, wie lieb ich ihn doch hab!

## magie

es reckte ein lila krokus
die blätter empor aus dem laub
vielleicht suchte er ein lokus
oder warf ab den winterstaub

der krokus war sehr alleine
am wegesrand auf weiter flur
beine besaß er wohl keine
er wirkte statisch und stur

wer hat all die schönen pflanzen
und die vielen tiere erdacht?
wer macht dass sonnenstrahl'n tanzen
und der himmel die hosen voll macht?

wer macht dass traurige kinder
wieder aufhören wollen zu wein'?
der große weltenerfinder
muss ein weiser zauberer sein

# Frühling

Hü, hü, hü! Du Hyazinthe,
galoppierst im Garten.
Na, na, na! Gelbe Narzisse,
willst auch nicht mehr warten.

Pri..., pri..., prima! Bunte Primel,
kleine, flotte Kecke!
Ha, ha, hah! Du Hagebutte,
Röschen in der Hecke!

Ran, ran, ran! An die Ranunkel,
Fröschlein aus den Sümpfen.
Flie..., flie..., flieg! Du blauer Flieder!
Duft in meinen Strümpfen.

Ho, ho, ho! Hortensie,
so schick in Pink und Lila.
In Schneeballweiß, in Zartrosé,
gibt's dich auch in Manila.

Oh früh, oh früh, oh Frühlingspracht!
Ein Duft- und Farbmeer flirrt.
Doch da! Da! Da! Die Dahlie!
Die hat sich wohl verirrt!

## ha-ha-püü!

es fließt und sprießt
und schießt und gießt
die nase ist verdrießt
sie niest

die regentropfen komm‘ geflossen
die blätter aus dem zweig geschossen
bumm! peng! die vielen grünen sprossen
die nase niest und hat genossen

der frühling kracht
mein mädchen lacht
sacht wird der pollen
staub entfacht

der winter stirbt es wächst das jahr
dem kinde sprießt das blonde haar
weißt du denn wie es früher war
mit *amsel drossel fink und star*?

genervt macht fine
gute miene
statt *honigbiene*:
histamine!

## Windmaus

Wenn es draußen pfeift und weht
und Pustefix die Felder mäht,
wenn Wolkenschäfchen galoppieren
und mir beginnt der Po zu frieren,
wenn Blätter denken, sie sind frei:
Dann ist der Sommer wohl vorbei.

Wenn nachts die Sterne kühler blinken
und draußen Gülleäcker stinken,
wenn plötzlich Hagel niederschlägt
und Wiesen sind mit Dampf belegt,
wenn zur Gardine weht dein Haar:
Dann sind zwei Drittel um vom Jahr.

Wir kuscheln uns ins Sofa-Nest
und träumen schon vom Lichterfest.
Wir warten auf den Jahresschluss,
weil dann was Neues kommen muss.
Wir träumen, wenn wir schmusen, schmiegen,
dass wir im Wind zum Himmel fliegen.

## wolkenzug

über schornsteinsilhouetten
streng bewacht von alten eichen
rast am düster dunklen himmel
flink rasant der wolkenzug

wenn wir eine leiter hätten
säh der schaffner unser zeichen
diese lok hielt mit gebimmel
und wir stiegen ein im flug

dass der helle zugaufseher
der mit seiner stalllaterne
gütig lächelnd uns beleuchtet
strahlend rund dort oben thront

freut den herrn stationsvorsteher
spendet licht aus weiter ferne
wo er eben wolken scheuchte
weil er gerne windstill wohnt

wolkenzüge zieh‘n zigeuner
zorneszottelnd durch die zeiten
wolkenschaffner straßenstreuner
kannst du mich durchs dunkel leiten

## Nele

Nele heißt mein Kuschelhund.
Sie schläft in meinen Laken.
Die ganze Nacht halt ich sie fest.
Doch Nele hat nen Haken.

Wenn ich beim Frühstück ungeniert
im Bauch der Brötchen pule,
dann fasst die Nele den Entschluss:
Sie geht gleich mit zur Schule.

Zu Mittag sitzt sie mit am Tisch,
doch meine Mama meckert
und sagt: Jetzt schau doch mal, mein Kind,
die Nele wird bekleckert!

Zum Händewaschen geht's ins Bad,
das sagt die Etikette.
Doch Nele bleibt nicht gern allein.
Sie will mit zur Toilette.

Für meine Mama ist‘s genug.
Mit bitterböser Miene
stopft sie nun meinen Kuschelhund
in ihre Waschmaschine.

Am Ende, nach dem Schleuderdreh,
ist Nele nur noch Grütze.
Ich schmuse jetzt mit einem Reh
und heul mir eine Pfütze.

## Koffer packen

Hemden falten, Schlappen suchen.
Kuscheldecke, Schmusetuch.
Sockenpärchen-Schwund verfluchen.
3 x hex: das Lieblingsbuch!

Schnorchel, Flossen, Thermomatte,
Kompass, Federball für'n Sand.
Taschenlampe, Ohrenwatte,
Violettas Freundschaftsband.

Dicke Jacken, dünne Jacken,
Winterrolli, Regenfrack.
Nackenhörnchen, Schlafattacken.
Hm, der schöne Vorgeschmack!

Plötzlich! Da! Welch ein Gewinsel!
Wurde etwas nicht bedacht?
Rex will auch mit auf die Insel.
Wenn der in die Koffer macht!

## Schatzsuche

Ich wohn’ in einem großen Haus
und habe doch kein Bett.
Auf deiner Leber sitzt ne Laus,
deshalb bist du nicht nett.

Zum Essen hab ich viel zu viel
und doch werd ich nicht satt.
Dein ganzes Leben ist ein Spiel,
das keine Regeln hat.

Mein Garten ist ein Fußballfeld,
doch ziemlich wüst und wild.
Du könntest reich sein ohne Geld,
hast du im Kopf ein Bild.

Was soll ich dir, mein lieber Spatz,
vom Weltgescheh’n berichten?
Ein jeder sucht den gold‘nen Schatz,
manchmal auch in Geschichten!

## winterorangen

winter wars / weißer schnee verpackte
unser haus und unseren garten
heizspiralen unter den fliesen
sandten ihr karma in füße aus

als ich tief in träume versackte
wollte nicht mehr auf sommer warten
doch auf einmal musste ich niesen
kam ne fee aus der nase heraus

zauberte auf den tisch vier schalen
eine mit kiwi / dann zitronen
frische erdbeeren / apfelsinen
duftete süß der sommerhain

all die früchte musste ich malen
wollte gern unter palmen wohnen
plötzlich war ein kobold erschienen
lud zu ner südseeparty ein

gabs bunte cocktails / obstsalate
was ich wollte konnte ich naschen
strömte saft aus hohen fontänen
frisch und frischer / es war eine pracht

blitzte rot im obst ne tomate
sollt ich wohl schon den herbst erhaschen
doch ganz plötzlich musste ich gähnen
hab vorm schlafen noch laut gelacht

## taka tuka

mach doch mal die augen zu und
denk dich kunterbunt / du hast
ne villa und ein pferd / nen affen
und nen hund / zwei unterschiedlich
große schuh / die roten haare
offen / die nachbarn gaffen übern
zaun das macht dich nicht betroffen

lass deine wimpern runter / denk
du lebtest in katthult / mach
männchen schenk die holzfiguren
dem steifen lehrer hinterm pult
und wenn du nichts mehr sehen willst
tauch ab in eine schüssel / statt
hausarbeit versteckst du alle schlüssel

hast du agrizoophobie baust
du dir nen propeller / auf deinem
rücken rotorblätter / du bist dein weichen
steller / ein unbeschreibliches
entzücken ergriff dich und verlieh
dir helioflüge über dächern auf der
jagd nach traumklau und verbrechern

jetzt leg dich untern apfelbaum auf
eine lila wiese / im kopf scheint dir
die sonne / pinke blumen / grillwurstbrise
das beste aber ist der glanz der
vielen stücke gold / mit deinem
koffer spielen wir nun millionär / es
funkelt blitzt / du hast es so gewollt

## Trughirsch

Wir dösten doof im Liegestuhl
und wollten grade pennen,
die Sonne sank und glänzte cool,
da hörte ich was rennen.

Ich weckte meine Augen auf,
das brauchte eine Weile.
Da wetzte was in vollem Lauf
und allerhöchster Eile

im Sprungflug – hutz! – an uns vorbei,
es klang wie Galoppieren.
Und war da nicht ein kurzer Schrei?
Da stand auf allen Vieren

ein großes Reh auf unser‘m Berg!
Ich sprang aus meiner Liege.
Bestimmt war das ein Zauberwerk!
Ich machte schnell die Biege

ums Haus herum, um nachzugeh‘n
was dies‘ rasante Raser-Reh
so durchgeknallt hier suchte.

Da war es gar nicht mehr zu seh'n!
Die Rasenschafe machten Mäh!
Die Schmusekatze fluchte.

Ich wünsche mir so sehr ein Reh!
So gern hab ich die Tiere.
Und wenn ich wieder mal eins seh',
dann bring ich's zu Papiere.

## kladderadatsch

dies ist ein reines quatschgedicht
der kleckermatsch ratscht patsch und dicht
in seinen schichten ohne licht
siehst du kein schlichtes sandkorn / nicht

dass das apachenmatschgesicht
jetzt pflatsch sagt weil das matschgericht
aus unterster klumpatschenschicht
nicht grad den appetit besticht

nach letztem ballawatschbericht
ists watschenfreie bratschenpflicht
dass man aus tollpatschlatschen bricht
für flatschenmatschbreitratschverzicht

## Prünelle

Prünelle, Prünelle
ich krieg die Pimpernelle
da draußen ist's schon nicht mehr hell
ich sag zu dir: komm schnell, mach schnell
die Zähne warten auf die Bürste
das Prüni aber schreit: ich dürste!
Du liebe kleine Kirschenpflaume
ich komm und hol' dich jetzt vom Baume!

Prünelle, Prünelle
ich krieg die Pimpernelle
der Mond ist schon ganz dick und rund
die Uhr zeigt eine späte Stund'
ich sag: jetzt schnell, die Kissen warten
das Prüni aber sitzt im Garten!
Edel-Pfläumchen, Krieche, Krelle!
Da hinten wird's schon wieder helle.

Pflaumenschlehe, Schlupfen, Pfluder!
Mein Prüni ist ein kleines Luder!

# III. Artenvielfalt

*Sternmull, Palmendieb und Saiga*

# Artenvielfalt

Feuerwanze, Wasserreh
Blaue Ozeanschnecke
Kuhfisch, Langhornkofferfisch
Pinocchio-Frosch, Südpudu
Sägerochen, Tischlerhai
Glasfrosch, Knoblauchkröte
Spiegeleiqualle, Nesseltier
Ping-Pong Tree Sponge, Sea Nut

Streifentenrek, Kakapo
Seefledermaus (Schmolllippen)
Clown-Fangschreckenkrebs und Pacu
Dikdik, Dugong und Okapi
Riesenassel, Fetzenfisch
Beilfisch, Blattschwanzgecko
Peitschenangler, Gürtelmull
Koboldhai und Aye-Aye

Sternmull, Palmendieb und Saiga
Seewolf, Nasenaffe
Yeti-Krabbe, Bubble Eye
Rüsselspringer, Katta
Axolotl, Doktorvogel
Araripepipra

Du denkst, das alles gibt es nicht?
Fettschwalm! Doppelschnepfe!
Klunkerkranich! Unglückshäher!
Atlas-Seidenspinner!
Stachelbürzler! Wunderpus!
Bass- und Maskentölpel!

Dreimal glibberiger Blobfisch!

## Alle Tiere

Von allen Tieren wüsst‘ ich kaum,
was mir das liebste wär.
Ich lieb den Hund, den Küken-Flaum,
die Katze und den Bär.

Ich mag den Vogel und den Fisch,
den Affen und das Pferd.
Doch hass ich, wenn am Küchentisch
man Gänsebrust verzehrt.

Die Tiere haben eins gemein:
sie mögen keinen Schmerz.
Beim Schlachten müssen alle schrei'n,
es bricht mir fast das Herz.

Von allen Tieren würd‘ ich nie,
gar niemals eines essen.
Selbst wenn das Tier es mir verzieh',
sein Leid wär kaum zu messen.

Von allen Tieren wüsst' ich nicht,
was mir das liebste wär.
Sie nicht zu essen, das ist Pflicht.
Doch ich bin Visonär.

## wie kann man nur ...

wie kann man nur die schönen tiere
essen / wie schmeckt ihre seele?
stell dir doch mal vor ich stehle

*deinen* hund, würd‘ ihn panieren
ohren, leber, herz und niere
bauch und beine heiß frittieren

ihm mit salz geschmack verleih’n
füllte ihn mit einer farce
packte ihn in folie ein!

dächte wohl ein mensch vom mars
*kluge* wesen grillen knochen?

kannst du nicht was and‘res kochen?

## Wildrose

Eine wilde Sonnenblume wird keine Rose sein, doch auch mit einer Sonnenblume kommt man überein. Und wieder war besorgten Eltern wenig Trost gegeben. Denn nicht alle Mediziner gärtnern auch im Leben.

Erst warst du die Heckenrose. Hundsgemein und klammernd. Deine Stacheln kräftig hakend. Deine Alten jammernd. Daraufhin als Hagebutte brennend. Spätgereift. Hast die schönen Kelchesblätter einfach abgestreift.

Das Erscheinungsbild von Rosen ist sehr variabel. Apotheker-Rosen-Blätters Heilung keine Fabel. Du bist aus dem fernen Osten eine Mandarin. Wunderbar exotisch.
Gut gedieh'n.

## Elfenzauber

Du bist mein kleiner Elfenstaub,
mein Kind vom and‘ren Stern.
Auf beiden Ohren manchmal taub,
doch niemals subaltern.

Du bist aus Area fifty-one,
ein bisschen sehr extran.
Du bist vom Großen Zaubermann.
Du bist mein weißer Schwan.

Du schüttest deinen Elfentraum
am Abend auf die Kissen.
Hätt ich dich nicht und gäb‘s dich kaum:
Ich würd dich so vermissen!

## Paradiesbauer

Kommt, wir wollen Bäume pflanzen,
auch Sträucher, Blumen, Hecken.
Wir wollen mit Hallodria
die Lebensgeister wecken.

Kommt, wir bauen Schattengärten
für Käfer und für Schnecken.
Wir züchten einen ganzen Wald,
wo sich die Farne recken.

Kommt, lasst uns den vielen Vögeln
neuen Nistplatz geben.
Wir pflanzen Birken, Buchen, Eichen,
und für uns alle Reben.

Kommt, wir machen uns die Erde
ganz neu mit vielen Arten.
Wir schaffen uns ein Paradies!
Wir woll’n gleich heute starten.

## Radieschen fürs Lieschen

Radieschen fürs Lieschen
Tomate für Beate
Karotte für Lotte
Raddicchio für Pedro
Zucchini für Sweeney
Aubergine für Tine
Kartoffel für Stoffel
Limette für Babette
Koriander für Alexander
Zitrone für Mone
Chili für Lilly
Chiccorée für Lillyfee
Paprika für Erika
Papaya für Maja
Majoran für Stefan
Safran für Urban
Mozzarella für Stella
Oliven für Steven
Gemüse für Luise
Ciabatta für Vatta
Butter für Mutta

Und was kriegt das Kind?
Küsse im Wind!

## erdwesen

ein drolliger vogel beträllert mein ohr
links erst dann rechts und dann auch mittendrin
da passt‘s dass ich grade auf stereo bin
heut kommt mir alles so extra laut vor

ein grölender nachbar beschallt meinen kopf
blökt in sein handy es dröhnt laut der bass
der gartenschlauch flüstert: den spritzen wir nass!
schon tropft‘s dem tropf wie regen vom schopf

es gurren die tauben es braust laut der wind
wie herrlich: die sonne macht keinen lärm
doch da! endlich brüllt auch mal wieder das kind!

vermisst hab ich auch schon das groll’n im gedärm!
ich träume vom nichts auf dem ewigkeitsstern
wie kommt‘s dass die erdwesen krachmacher sind?

## Traumfabrik

Wir haben 3 riesige Eichen vor'm Haus.
Langsam grünen die Kronen,
auf denen Raumschiff-Kugeln schweben,
darin tobt ein wilder Krawall und Leben.
Ein großer Vogel fliegt ein und aus.
Da oben muss jemand wohnen!

3 Treppen tiefer sitzt eine Taube,
sie schaut wie der Wächter im Garten.
Schon ist im Anflug der Mieter der Wohnung,
im Schnabel eine feine Belohnung.
Da sind wohl noch andere in der Laube,
die auf das Frühstück warten.

Auf der Basisstation Nummer 2
ist ordentlich was in Bewegung.
Der Kapitän hüpft von Schlund zu Schnabel
und stopft die Luken mit seiner Gabel.
Dann fliegt er zurück in die Wallachei.
Das Raumschiff verbleibt ohne Regung.

Doch da! Ein Windzug! Es gibt heute Schnee!
Vom Birnbaum schweben die Blüten.
Sie stieben und wirbeln vor uns're Tür.
Ein Action-Film ist dieses hier.
Am Waldrand huscht noch schnell ein Reh.
Ein Leben aus Wundertüten!

# Der kleinste Mann der Welt

Ihr Kinder, ihr denkt, all die bunten Sagen
sind wohl nur reinste Erfindung zum Staunen!
Wie richtig die Brüder Grimm aber lagen
mit ihren Fabeln von Riesen, Alraunen,
von Zwergen und Hexen, von Schlössern und Feen,
das hab ich mit eigenen Augen geseh'n.
Die Märchen sind Wahrheit, Geschichten sind echt.
Es gibt ihn, den Zwerg, der mit Riesen gern zecht!

Das kleine Männchen ist winzig wie Mäuse.
Nachts legt es sich schlafen in Männersandalen.
Getier in den Haaren sind Monsterläuse.
Einkaufen kann es auch ohne zu zahlen.
So süß wie Zucker, so goldig wie Gold
ist dieser Charmeur, alle Frau'n sind ihm hold.
Er raucht gern Zigarren so groß wie ein Stamm.
Ne Stecknadel ist er am Kurfürstendamm.

Der kleinste Mann traf im Fernseh'n den längsten,
reichte demselben nicht mal an die Waden.
Sie machten Witze, erzählten von Ängsten.
Glaubt mir, dies sind keine Münchhausiaden!
Der Große wollt heiraten, fand keine Frau.
Der Kleine sollt Clown sein, nur war er zu schlau.
Der Große wollt bauen, doch kein Architekt
bekam beim Dach die Statik gecheckt.

Der kleine Mann wär gern Lehrer geworden,
doch Bürokraten erhoben Bedenken.
Der große wurd‘ Priester in einem Orden,
musste im Kirchturm den Kopf sich verrenken.
Nun wurde der Riese des Zwergs bester Freund.
Die Zuschauer ha’m sogar Tränen geweint.
Sie sind beide einzig und wahnsinnig nett
und singen als Stars nun: Duett im Jackett.

## Corax

Kennst du den Rabenhüter schon,
der mit den *Ander‘n* spricht?
Der durch des Vogels Metaphon
Verbindung hat zum Licht?

Hast du den selt‘nen Blick erspäht,
mit der das Aug des Raben,
wenn  Meisters Schritt im Kreis sich dreht,
verrät von seinen Gaben?

Und hast du auch die Luft verspürt,
dass plötzlich Atem stockt,
wenn sie dein Bein ganz kalt berührt,
so dass dich fröstelt  und dich friert,
die Hand zu deinem Herzen führt,
das sich bei jedem Schlage ziert
und nicht mehr für dein Leben bürgt?
Kein Hauch wird dir entlockt.

Den Rabenhüter und das Tier
verbinden dunkle Bande.
Zusammen  seh‘n  die Augen vier
gar unsichtbare Welten hier,
mal Lichtgestalt, mal Wurmgetier,
und ohne Seele hol‘n  sie mir
den Moderduft aus fernem Lande
und bringen ihn auch dir.

Kennst du den Rabenhüter schon,
der mit den Ander‘n spricht?
Beschmutz sein Haupt nur nicht mit Hohn,
sonst zerrt er dich ins Licht.

## Drachenwelten

Wenn Elfen und Feen und riesige Drachen
flügelumspannend über dir wachen
und deine Träume schillern von grün
bis lila-metallic – denn Feuer spien
sie vor  Äonen von Jahren – und züngeln dir Glut:
Dann sei auf der Hut!

Wenn Orks und Monster in roten Mützen
heimlich deine Gedanken stibitzen,
wenn sie kommen – in Scharen –
mit listigen Gebaren
und schlüpfen ins Zimmer, unter die Deck:
Dann sieh lieber weg!

Wenn Abhänge flach und bemoost dir scheinen,
im Tal ein Rinnsal, doch Grund siehst du keinen,
wenn Spiegel nur schimmern
und das kauzige Wimmern
hinter dem Glas vernimmst du nicht:
Sei kein Wicht!

Du dämmerst weiter in buntem Schlummer.
Elfen federn mit Flügeln den Kummer
des grauen Tages fort, Stund‘ um Stund‘.
Vor ewiger Zeit war dein Haus warm und rund,
dein Dasein wohlig und unbeschwerlich:
Doch jetzt gefährlich!

Träum nicht so lange von Lyra, Tolkien,
von Potter, Artemis und Bernsteinrubin,
von klaren Kristallen und gläsernen Seen,
von finsteren Mächten und lieblichen Feen.
Öffne die Augen zum Tageslicht! Sieh:
Das ist Magie!

## Lindenblüten

Lindenblüten
mit ihren Flügeltüten
die süß zu Boden fielen
mit ihren Klebestielen
die wir auf Nasen pappten
als uns're Herzen schwappten

vom Duft der Blütenstände
vom Hauch der Honigfächer
es gab kein Sommerende
es gab nur Sonnendächer

wir waren junge Gören
und ließen uns betören
vom Duft der Lindenblüten
von ihren Zuckerhüten

wir ließen Sinne taumeln
und uns're Beine baumeln
als wir  zum Dauerbräunen
auf hohen Ästen hockten
als wir an Weidenzäunen
in Tüten Tee aufstockten

wir uns unsterblich wähnten
und uns nach Kühle sehnten
im Schein der Abende

wir waren Labende
am Duft der Vorratstüten
voller Lindenblüten

**Franziska Röchter** kam als Österreicherin auf die Welt und lebt seit rund 35 Jahren in Verl, Ostwestfalen. Seit vielen Jahren schreibt sie Lyrik, Prosa, kulturjournalistische Beiträge, Rezensionen und vieles mehr. Seit 2011 betreibt sie den kleinen chiliverlag. Etliche eigenständige Veröffentlichungen sowie unzählige Beiträge in Printmedien, Anthologien und renommierten Lyrikzeitschriften flankieren ihren literarischen Weg. 2015 wurde sie in den Vorstand der Gesellschaft für zeitgenössische Lyrik e.V. mit Sitz in Leipzig gewählt, darüber hinaus ist sie Mitglied im VS NRW.

In diesem Band finden sich ältere und ganz junge Gedichte für ältere, jüngere und jung gebliebene Kinder.

Pepperminz im **chiliverlag**